JEAN RICHEPIN

LES

LITANIES DE LA MER

Aquarelles originales

D'APRÈS

HENRI CARUCHET

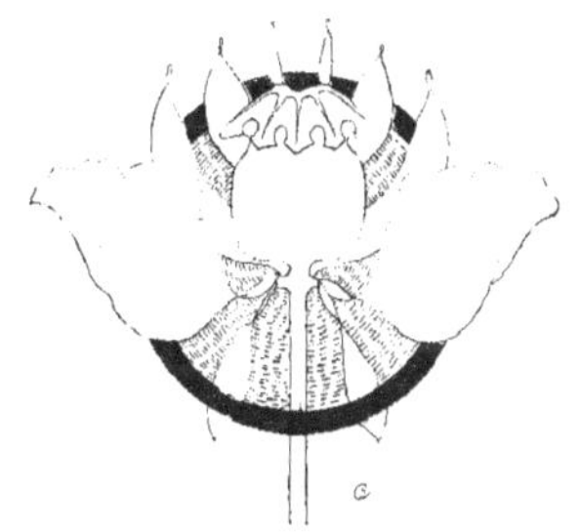

PARIS

IMPRIMÉ POUR ALBERT BÉLINAC

Se vend 5, Rue Drouot

MDCCCCIII

LES

LITANIES DE LA MER

Exemplaire offert

à M *Dépôt Légal*

L. G.

Texte imprimé par Firmin-Didot et Cie

Gravures de Ducourtioux et Huillard.

JEAN RICHEPIN

LES
LITANIES DE LA MER

Aquarelles originales

D'APRÈS

HENRI CARUCHET

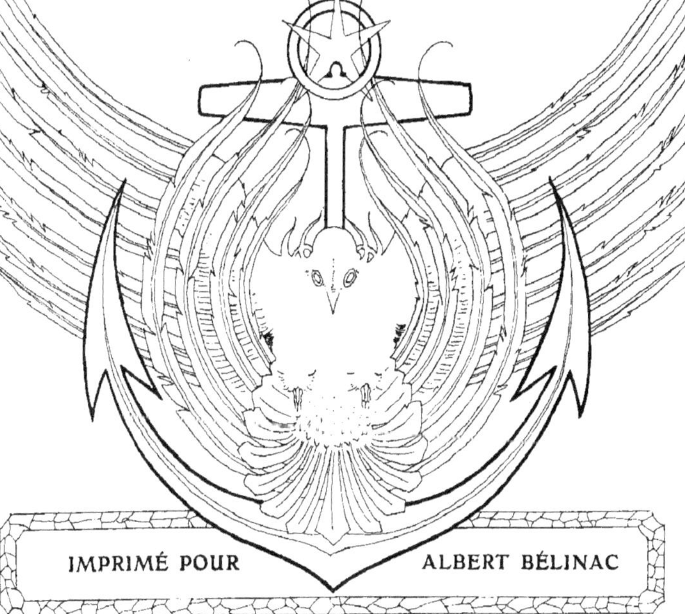

Se vend 5, Rue Drouot

PARIS

MDCCCCIII

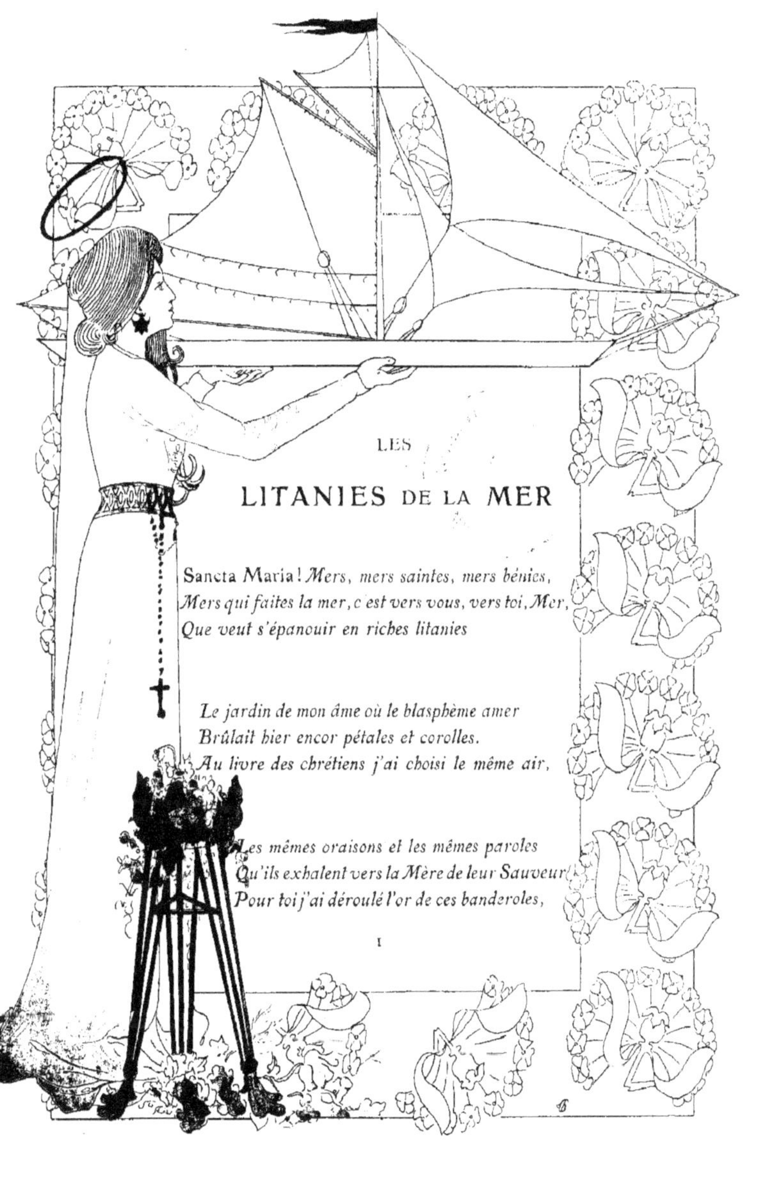

LITANIES DE LA MER

Sancta Maria! Mers, mers saintes, mers bénies,
Mers qui faites la mer, c'est vers vous, vers toi, Mer,
Que veut s'épanouir en riches litanies

Le jardin de mon âme où le blasphème amer
Brûlait hier encor pétales et corolles.
Au livre des chrétiens j'ai choisi le même air,

Les mêmes oraisons et les mêmes paroles
Qu'ils exhalent vers la Mère de leur Sauveur,
Pour toi j'ai déroulé l'or de ces banderoles,

I

Pour toi du vin dévot j'ai goûté la saveur,
Je me suis enivré de son bouquet mystique,
Et l'athée a connu l'extase et la ferveur.

O mer, j'ai retrouvé la foi, moi le sceptique,
J'ai retrouvé l'amour, moi le cœur mécréant,
Moi le tueur de Dieux, pour chanter ton cantique,

Déesse que je vois sans relâche créant,
Et toujours pullulante et jamais immobile,
Ordre et chaos, matière et force, être et néant !

Mais pour te célébrer que je me sens débile !
Rien que de le vouloir, j'en ai les nerfs tordus,
Comme des flots de sang, comme des jets
                          de bile,

2

Comme un torrent de lave et de métaux fondus,
Les mots en tourbillons me montent à la bouche,
Pressés, tumultueux, bouillonnants, éperdus.

O monstrueux enfants dont il faut que j'accouche !
Mon palais se déchire à leurs fracas grondants,
Ma langue se dessèche à leur souffle farouche,

Mes lèvres vont se fondre à leurs charbons ardents,
Et ces escadrons fous galopant ventre à terre
M'arrachent la poitrine et me brisent les dents.

O mer, que dans tes eaux leur feu se désaltère !
Images, verbes, vers, allez, prenez l'essor,
Ruez-vous dans son gouffre, assaillez son mystère,

3

Et tâchez d'être aussi brillants que son trésor,
Mots aux casques d'argent lourds de joaillerie,
Mots caparaçonnés de diamants et d'or !

Sainte mère de Dieu, *car c'est toi la patrie*
De l'homme, et Dieu naquit dès que l'homme eut rêvé ;
C'est de ton horizon et de sa rêverie

Que pour la prime fois le spectre s'est levé.
O spectre vague, qui d'abord des flots émerges,
Tu leur dois d'être au monde, à nous d'être achevé.

Mer, église où la nuit vient allumer des cierges,
Où le soir s'évapore en nuages d'encens,
Où le chrétien te voit, **Sainte Vierge des**
Vierges,

Dans le magnificat des Chérubins dansants
Qui te font un grand dais de l'ombre de leurs ailes
Cependant que ton fils sourit à leurs accents.

Mère du Christ, de moi n'espère point ces zèles.
C'est la mer que je vois dans la mer, et non pas
Ces images d'un culte insipide sans elles,

La mer, azur et moire, émeraude et lampas,
La mer aux flots sauteurs comme un troupeau de zèbres,
La Mère de l'auteur de la grâce, aux appas

Innombrables, divers, gais ensemble et funèbres,
Car la gráce est la vie, et l'onde en est l'auteur,
Et la clarté du jour surgit de ses ténèbres.

5

O mer, déroule ici tes flux avec lenteur,
Et fais voir à mes yeux d'autres allégories
Que Mère du Sauveur, Mère du Créateur.

Mère très pure, ô mer où les algues
flétries,
Les éléments dissous, les corps décomposés,
Les putréfactions et les pouacreries,

Pour des êtres nouveaux bientôt organisés
Retrouvent la jeunesse et sa fleur d'innocence
Dans ta suave haleine et tes vivants baisers !

Mère très pure en qui la mort devient naissance,
Mère très pure en qui l'immonde s'abolit,
Mère très pure en qui l'impur change d'essence !

6

Mère très chaste, *nul ne partage ton lit,*
Ni le soleil royal l'embrasant de son faste,
Ni l'homme qui de sa vermine le salit,

Ni le vent qui s'y vautre en rut et le dévaste.
Dans ce lit tout ouvert ton corps s'offre tout nu ;
Mais il reste à jamais sacré, Mère très chaste.

Car, Mère toujours vierge, *aucun ne l'a tenu*
Pantelant dans ses bras, pâmé sous ses caresses.
Et l'homme vieillira, le vent sera chenu,

Le soleil décrépit perdra l'or de ses tresses,
Tous tes amants seront dans la caducité,
Eux, vainqueurs qui comptaient par milliers leurs
maîtresses,

7

MÈRE TRÈS CHASTE

Eux, don Juans au désir sans relâche excité,
Tous s'useront dans leur concupiscence vaine,
Avant d'avoir fait brèche à ta virginité.

Mère sans tache à qui nul n'a mis dans les veines
Une goutte de sang au germe adultérin !
Cavale en liberté qui mâches des verveines

D'une bouche où jamais on n'a passé le frein ;
Amazone sauvage et fièrement rebelle,
Aux flancs drapés d'hermine, aux seins bardés
                                    d'airain,

Indomptable tigresse aux yeux de colombelle
Toujours extasiés et toujours langoureux ;
Mère sans tache et pour cela d'autant plus belle,

Car les amants, plus forts de ce qu'on fait contre eux,
A tes rébellions doublent leurs convoitises,
Et les plus dédaignés sont les plus amoureux.

Pourtant, sans le vouloir, c'est toi qui les courtises,
Mère aimable, et les feux qui leur brûlent les reins,
Inextinguibles, fous, c'est toi qui les attises ;

C'est toi, c'est ton regard aux aimants souverains,
Tes cheveux dénoués flottant en mèches vertes,
Tes membres alanguis, onduleux, vipérins,

Qui promettent l'espoir d'étranges découvertes ;
Mère aimable, c'est toi qui leur tends comme appâts
Tes seins alliciants, tes lèvres entr'ouvertes.

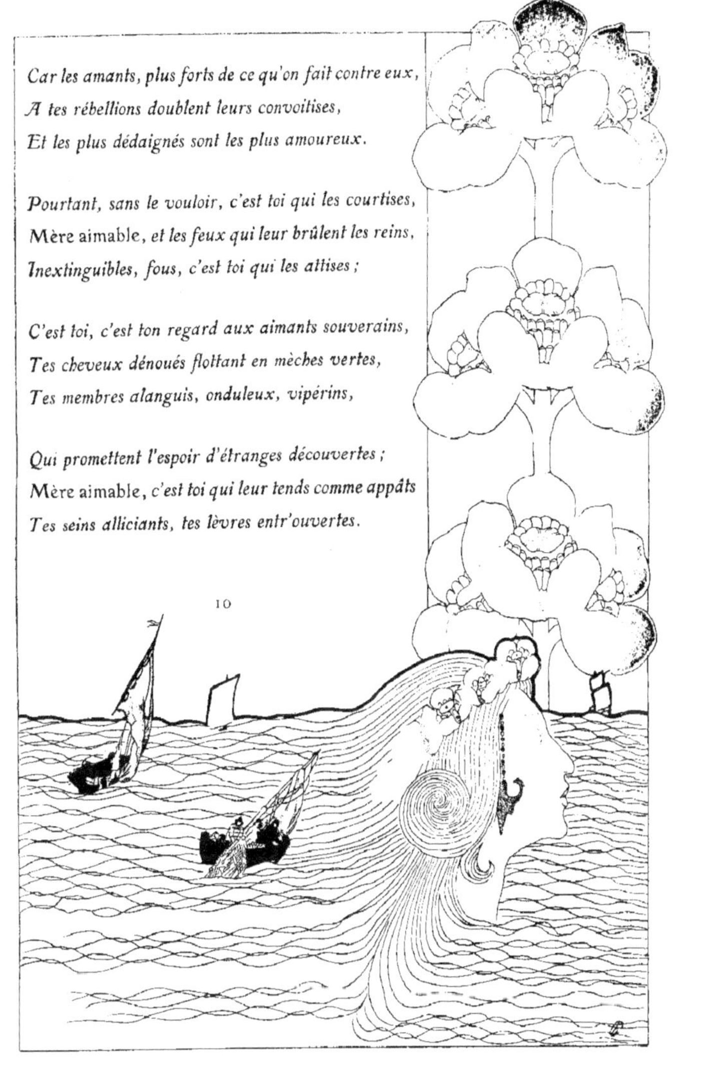

10

Ah! qui peut t'approcher et ne te vouloir pas?
Par toi toute abstinence est muée en fringale
A la tentation de semblables repas.

Mère admirable, grâce et beauté sans égale,
Rien qu'à te contempler, sûr de ne point t'avoir,
D'ambroisie à plein cœur déià l'on se régale.

Nectar des yeux, soma des pensers, réservoir
Débordant de splendeurs, de rêves, de féeries,
Pour être saoul d'amour il suffit de te voir,

Mère admirable dont les vagues sont fleuries
Quand le couchant ou l'aube aux rais papillotants
Sèment tous les métaux, toutes les pierreries,

I I

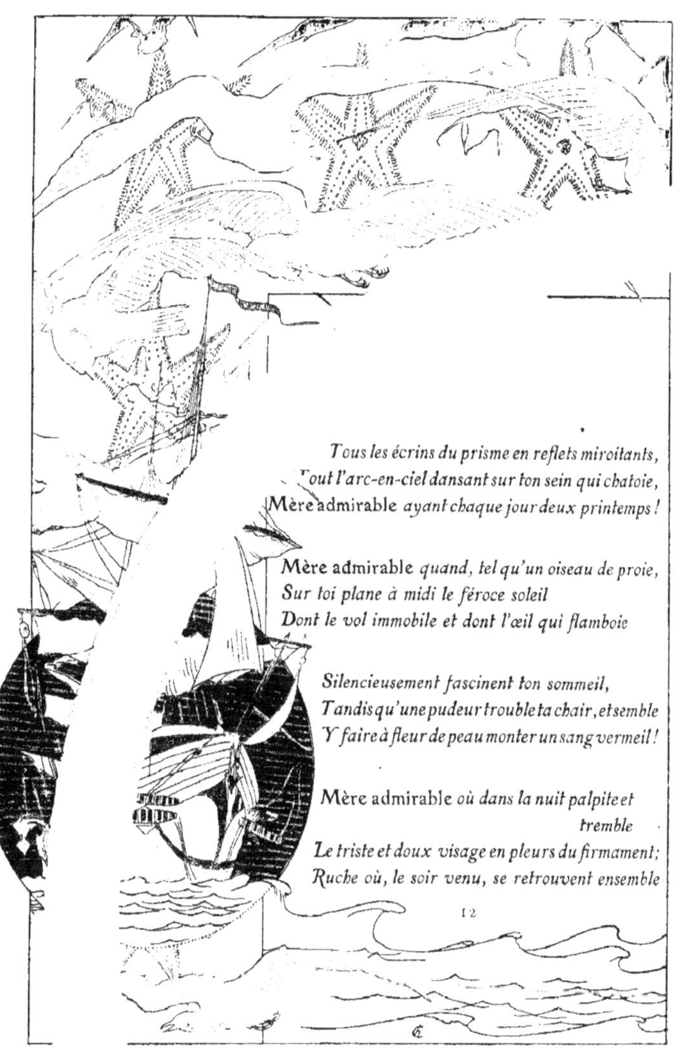

Tous les écrins du prisme en reflets miroitants,
Tout l'arc-en-ciel dansant sur ton sein qui chatoie,
Mère admirable ayant chaque jour deux printemps !

Mère admirable quand, tel qu'un oiseau de proie,
Sur toi plane à midi le féroce soleil
Dont le vol immobile et dont l'œil qui flamboie

Silencieusement fascinent ton sommeil,
Tandis qu'une pudeur trouble ta chair, et semble
Y faire à fleur de peau monter un sang vermeil !

Mère admirable où dans la nuit palpite et
tremble

Le triste et doux visage en pleurs du firmament;
Ruche où, le soir venu, se retrouvent ensemble

Les abeilles du ciel à l'aurore essaimant;
Hôtellerie où las de leur course orageuse
Les coureurs d'infini reposent en s'aimant;

Couche d'Aldébaran et lit de Bételgeuse,
Mère admirable *dont le giron complaisant*
Unit ce voyageur et cette voyageuse!

Mère admirable *et qui de ton cœur fais présent*
Aussi bien aux petits, aux humbles, qu'aux étoiles,
Et qui ne t'appauvris jamais en le faisant,

Mère aux seins toujours pleins, toujours nus et
                           sans voiles,
Où plantes, animaux, hommes, tous nous suçons
L'intarissable lait qui réjouit nos moelles.

13

Vierge vénérable, oh! chère à tes nourrisson ,
Bonne aïeule par qui notre terre est bercée
Aux ronrons endormeurs de lointaines chansons

Plus vénérable encor depuis que la pensée
A mieux su ta grandeur en sondant tes secrets,
En apprenant comment par toi fut dispensée

L'originelle vie alors qu'en tes retraits
Bouillait obscurément le plus antique germe
Gros de tous les futurs épanouis après ;

Toi qui marques notre heure, au début comme au terme ;
Car le cycle complet des terrestres instants,
S'il fut ouvert par toi, c'est par toi qu'il se ferme :

14

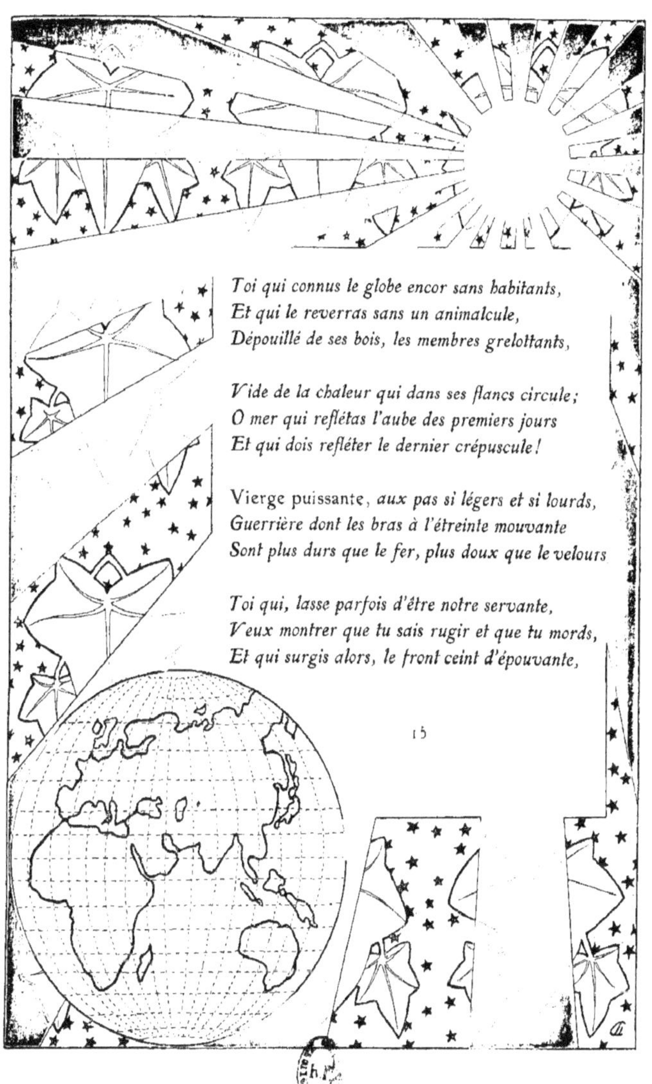

Toi qui connus le globe encor sans habitants,
Et qui le reverras sans un animalcule,
Dépouillé de ses bois, les membres grelottants,

Vide de la chaleur qui dans ses flancs circule;
O mer qui reflétas l'aube des premiers jours
Et qui dois refléter le dernier crépuscule!

Vierge puissante, aux pas si légers et si lourds,
Guerrière dont les bras à l'étreinte mouvante
Sont plus durs que le fer, plus doux que le velours

Toi qui, lasse parfois d'être notre servante,
Veux montrer que tu sais rugir et que tu mords,
Et qui surgis alors, le front ceint d'épouvante,

VIERGE PUISSANTE

Terrible, crins épars, sans pitié, sans remords,
Parmi l'effondrement des flots et des orages
Portant dans chaque main une gerbe de morts.

Vierge puissante, *aux cris de haine, aux pâles rages,*
Qui vas soufflant dans un tempêtueux buccin
Déracineur de mâts et semeur de naufrages,

Qui de tes ongles verts te lacères le sein
En crachant jusqu'au ciel ta bave jaillissante,
Avec des gestes fous et des yeux d'assassin.

Tueuse de ton fils, que ton fils innocente;
Car, lui donnant le jour, le lui prendre est ton droit,
Puits d'existence et puits de mort, Vierge puissante!

17

Vierge clémente, grâce! Il fait nuit, il fait froid.
Sur sa nef en cercueil ouvrant sa voile en aile,
Le matelot s'embarque. En ta clémence il croit.

Et pour prix de sa foi te voilà maternelle.
Hélas! sans cette mer que deviendraient les siens?
Sa femme et ses petits, leur pâture est en elle.

Aussi pour lui tes flots se font magiciens :
Plus il prend de poisson, plus le poisson augmente.
Tu rends aux pauvres gueux les miracles anciens,

Multipliant le pain dont leur faim s'alimente,
Changeant ton eau salée en des pichets de vin,
O sorcière qui les nourris, Vierge clémente,

Vierge fidèle, ceux qui vers ton cœur divin
Ont exhalé leur deuil, leur joie ou leurs chimères,
On n'en connaît pas un qui t'ait priée en vain.

Au triste, avec ses pleurs tes larmes sont amères.
Au joyeux tu souris. A tous tu sais payer
En immortel amour leurs amours éphémères.

Vierge fidèle, ainsi quand revient au foyer
L'exilé moribond qui sentant fuir sa vie
Veut râler dans le nid qui l'a vu bégayer,

Il rentre, et le foyer de sa flamme ravie
Tend vers lui ses rayons aux baisers réchauffants,
Heureux de contenter cette suprême envie;

19

Ainsi tu gardes, toi, pour les vieux, tes enfants,
L'irrésistible attrait d'une patrie, et douce
Ta tendresse leur fait des trépas triomphants.

Ils ont connu pourtant ta voix qui se courrouce ;
Ils ont eu contre toi des luttes sans quartier ;
Depuis l'âge où l'on part en pleurant, pauvre mousse,

Jusqu'à l'âge où, fourbu, l'on quitte le métier,
Ils ont peiné sur toi durement et sans trêves,
De dix à soixante ans, un demi-siècle entier ;

Et ce qui reste encor d'huile à leurs lampes brèves,
Au lieu de l'abriter dans la paix des maisons,
Ils viennent jusqu'au bout l'user au vent des grèves.

20

Il leur faut ton haleine et tes grands horizons,
La mouette effleurant les vagues d'un coup d'aile,
Les moutons écumeux secouant leurs toisons,

Et ton âme enfin, car leur âme est faite d'elle,
Ame d'enfants, cristal aussi clair que leurs yeux,
Aussi pur que ton cœur, cœur d'or, Vierge fidèle !

Miroir de la justice, *exact et spacieux*,
Devant qui tout défile, en qui rien ne demeure,
Où l'on peut de sa main toucher le fond des cieux,

Où l'homme épouvanté qui sombre, avant qu'il meure
Revoit comme un éclair sa vie en un moment !
Miroir impartial où sont à la même heure

21

MIROIR DE LA JUSTICE

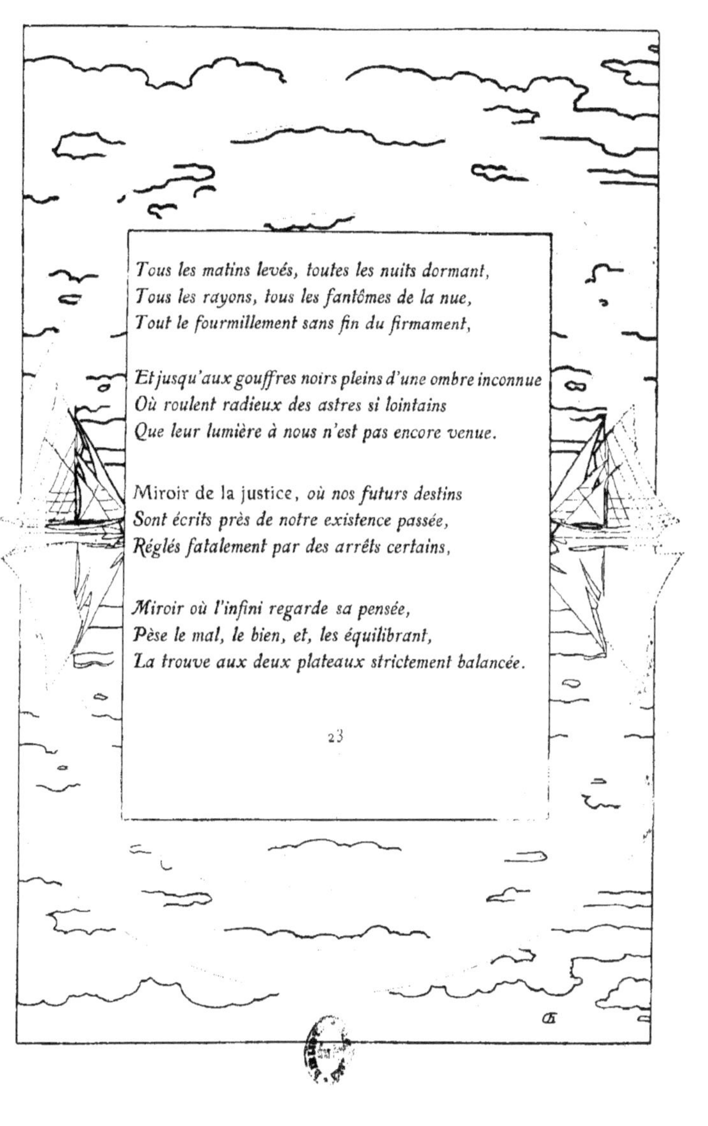

Tous les matins levés, toutes les nuits dormant,
Tous les rayons, tous les fantômes de la nue,
Tout le fourmillement sans fin du firmament,

Et jusqu'aux gouffres noirs pleins d'une ombre inconnue
Où roulent radieux des astres si lointains
Que leur lumière à nous n'est pas encore venue.

Miroir de la justice, où nos futurs destins
Sont écrits près de notre existence passée,
Réglés fatalement par des arrêts certains,

Miroir où l'infini regarde sa pensée,
Pèse le mal, le bien, et, les équilibrant,
La trouve aux deux plateaux strictement balancée.

23

Miroir de la justice, où l'homme injuste apprend
Que ce mal et ce bien ne sont rien qu'apparences ;
Car ce que prend un jour, un autre nous le rend.

Trône de la sagesse aux tendres remontrances,
Nous enseignant ainsi par ta sérénité
L'oubli des vains espoirs, des regrets et des transes ;

Trône où notre regard se connaît limité,
Et revenu du rêve et des apothéoses,
A conscience enfin de notre humilité.

Mais trône dont l'épine aussi porte des roses ;
Parfum d'où monte au cœur le légitime orgueil
De gravir jusqu'à toi par l'escalier des causes,

24

De voir le fond du temple en en baisant le seuil,
Et d'y trouver la grande Isis qui, dévoilée,
Nous prendra par la main pour nous y faire accueil.

Trône de la sagesse *aux pieds de mausolée*,
Mais au dais triomphal où flambe un ostensoir,
O science, ô tombeau de la foi désolée,

Berceau de l'espérance, aube qui nais du soir,
O mer qui nous montras nos fins, notre origine,
Trône de la sagesse *où l'homme va s'asseoir !*

Cause de notre joie, où la Grèce imagine,
Parmi les rires frais et les cris éclatants
Des trois Grâces, Thalie, Aglaé, Euphrosyne,

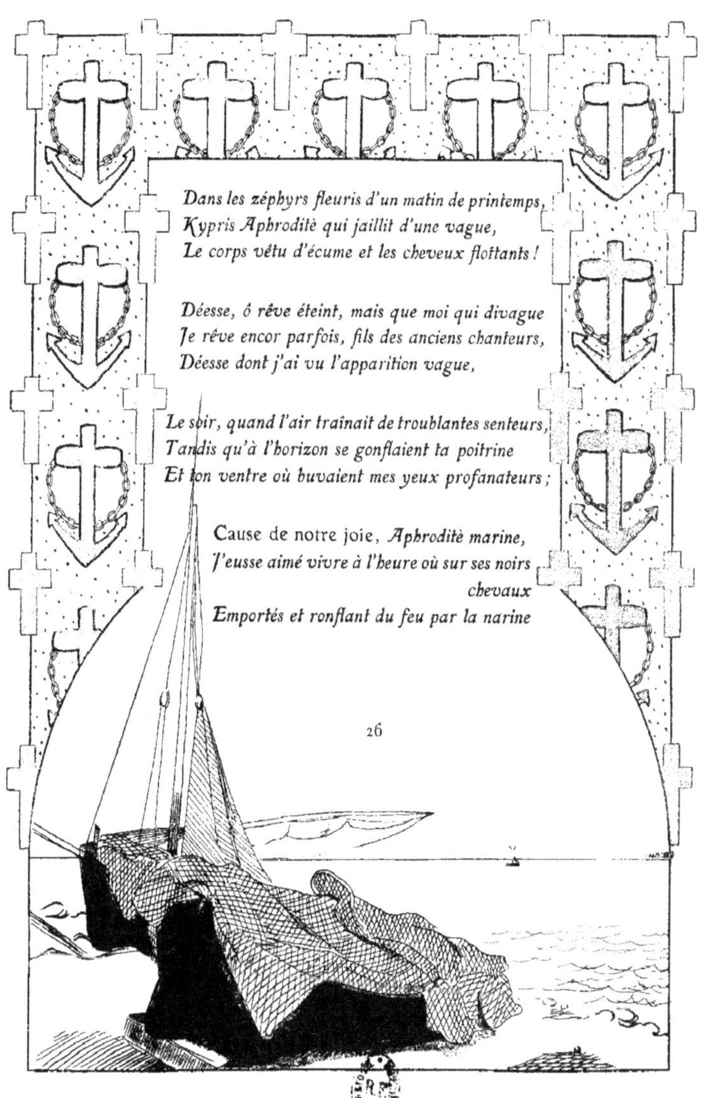

Dans les zéphyrs fleuris d'un matin de printemps,
Kypris Aphroditè qui jaillit d'une vague,
Le corps vêtu d'écume et les cheveux flottants !

Déesse, ô rêve éteint, mais que moi qui divague
Je rêve encor parfois, fils des anciens chanteurs,
Déesse dont j'ai vu l'apparition vague,

Le soir, quand l'air traînait de troublantes senteurs,
Tandis qu'à l'horizon se gonflaient ta poitrine
Et ton ventre où buvaient mes yeux profanateurs ;

Cause de notre joie, Aphroditè marine,
J'eusse aimé vivre à l'heure où sur ses noirs
                              chevaux
Emportés et ronflant du feu par la narine

Arès te promenait devant les Dieux nouveaux,
Quand Héphaistos tout seul blâmait ton adultère,
Quand tes crimes d'amour n'avaient que des dévots.

Alors d'une voix forte et sans jamais me taire,
Prêtre, aède exalté, j'aurais chanté le los
De ta religion, jeunesse de la terre.

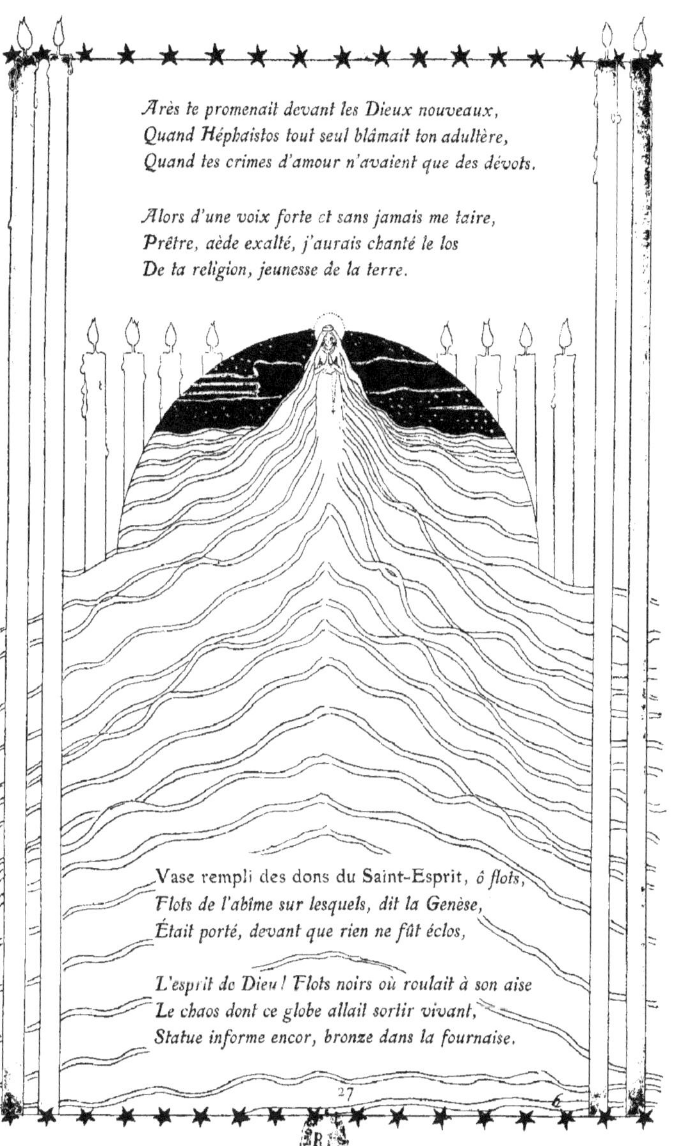

Vase rempli des dons du Saint-Esprit, ô flots,
Flots de l'abîme sur lesquels, dit la Genèse,
Était porté, devant que rien ne fût éclos,

L'esprit de Dieu ! Flots noirs où roulait à son aise
Le chaos dont ce globe allait sortir vivant,
Statue informe encor, bronze dans la fournaise.

Vase, ce saint Esprit, ce Dieu, n'étaient que vent.
Ce qui te remplissait à cette heure, ô fantôme,
C'est ce qui te remplit toujours, après, avant,

De toute éternité, conclusion, symptôme :
Le rut des éléments en marche vers le rien
Se cherchant dans la nuit pour engendrer l'atome.

Vase d'honneur, nombril du monde assyrien,
Où l'antique Oannès, dieu-poisson, se révèle,
Créant tout, de ses yeux l'espace aérien,

La terre de son cœur, le ciel de sa cervelle,
Mais ne te créant pas, toi son prédécesseur,
En qui lui-même il rentre et prend forme nouvelle.

28

Vase insigne, *versant la paix et la douceur,*
Vase aux parois d'argent, aux fines ciselures,
Et dont la lèvre pour la nôtre est une sœur,

Ton breuvage est doré comme des chevelures,
Vert comme l'émeraude et bleu comme le ciel,
Plein d'étranges fraîcheurs et d'étranges brûlures,

Mieux fleurant que la menthe et l'anis et le miel,
Et vous laisse à la fin un goût saumâtre et rêche,
Plus fade que du sang, plus amer que du fiel.

Vase insigne, *car tes vapeurs sont une crèche*
Où les troupeaux errants des vaches de l'azur
Paissent sans l'épuiser une herbe toujours fraîche,

Et se gonflent le pis d'un lait crémeux et pur
Pour le verser en pluie et faire dans la plaine
La chair des fruits, le sang du vin, l'or du blé mûr.

Rose mystique, rose à l'odorante haleine,
O rose dont le cœur s'entr'ouvre en souriant,
O rose, fleur d'Hélène et fleur de Madeleine,

Fleur de la volupté, mer qui vas charriant
Tant d'embryons épars accouplés pêle-mêle,
Rose rose au couchant et rose à l'Orient,

Rose dont le calice ardent sent la femelle,
Rose que rien ne fane à l'éternel rosier,
Rose mystique, rose idéale et formelle ;

30

ROSE MYSTIQUE

Formelle, quand sur toi le soleil en brasier
Verse à tes flots sa pourpre et les change en pétales
Que tout son rouge sang ne peut rassasier ;

Formelle, quand alors au loin tu les étales
Ainsi qu'une corbeille effeuillée à l'autel
Et qu'arrangent en lit des mains sacerdotales ;

Idéale, car sous l'aspect accidentel
Que te donnent ainsi ces lueurs passagères
Nos périssables yeux perçoivent l'immortel !

Les rêves d'infini, c'est toi qui les suggères,
Rose mystique, rose idéale ; et mon cœur
A bien pu blasphémer leurs splendeurs mensongères,

32

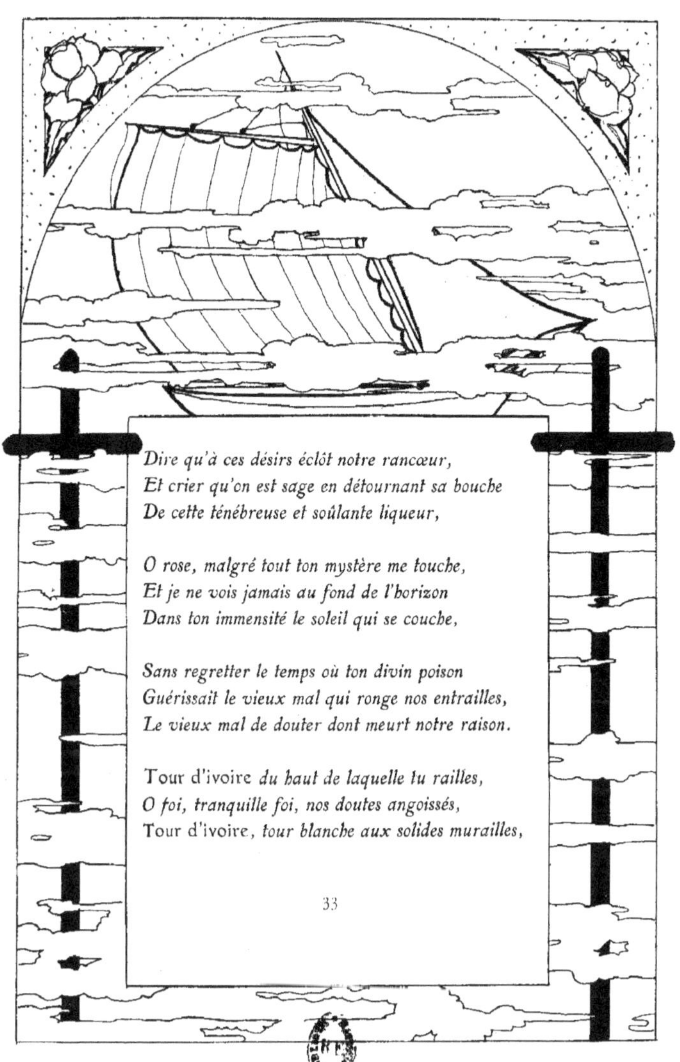

Dire qu'à ces désirs éclôt notre rancœur,
Et crier qu'on est sage en détournant sa bouche
De cette ténébreuse et soûlante liqueur,

O rose, malgré tout ton mystère me touche,
Et je ne vois jamais au fond de l'horizon
Dans ton immensité le soleil qui se couche,

Sans regretter le temps où ton divin poison
Guérissait le vieux mal qui ronge nos entrailles,
Le vieux mal de douter dont meurt notre raison.

Tour d'ivoire du haut de laquelle tu railles,
O foi, tranquille foi, nos doutes angoissés,
Tour d'ivoire, tour blanche aux solides murailles,

Tour de la certitude où vous vous prélassez,
Croyants dont rien n'abat la croyance vivace,
Croyants dans la prière et l'espoir cuirassés.

Tour d'ivoire, redoute aux remparts sans crevasses ;
Au sommet de laquelle en contemplation
Les fidèles pieux voient leur Dieu face à face !

Tour d'ivoire où le Christ parle à sa nation.
Et donne à ses élus les clefs adamantines
De la porte qui clôt la céleste Sion,

Tour d'ivoire, lieu saint dont j'ai fait des sentines,
Renonçant à ma part du délice promis,
Volontaire exilé des fausses Palestines !

34

Tour d'ivoire d'où les mécréants sont vomis !
Mais Tour d'ivoire aussi de la science obscure
Qui doit mieux que la foi consoler ses amis.

Maison d'or où se tient, les mains sur la figure,
Celle dont Héraclite a vu l'œil caverneux,
Celle dont le sourire éclairait Épicure,

Celle dont le baiser s'épanouit en eux,
Celle que les chrétiens ont cru mettre au suaire
Et qui le déchira de ses doigts lumineux,

La Nature, l'informe, à qui nul statuaire
Ne peut forger un corps et qui vit cependant,
Dernière déité du dernier sanctuaire !

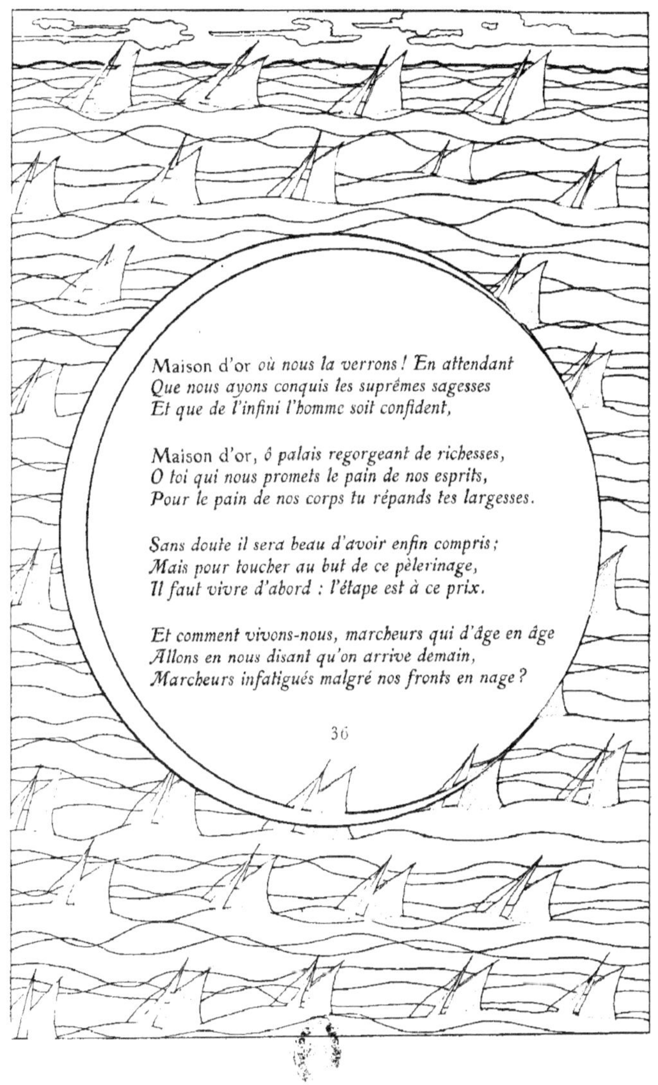

Maison d'or *où nous la verrons !* En attendant
Que nous ayons conquis les suprêmes sagesses
Et que de l'infini l'homme soit confident,

Maison d'or, *ô palais regorgeant de richesses,*
O toi qui nous promets le pain de nos esprits,
Pour le pain de nos corps tu répands tes largesses.

Sans doute il sera beau d'avoir enfin compris ;
Mais pour toucher au but de ce pèlerinage,
Il faut vivre d'abord : l'étape est à ce prix.

Et comment vivons-nous, marcheurs qui d'âge en âge
Allons en nous disant qu'on arrive demain,
Marcheurs infatigués malgré nos fronts en nage ?

36

Nous vivons de l'aumône offerte à notre main
Par toi, mer charitable, en qui se vivifie
L'air que nous respirons tout le long du chemin,

Par toi, sans qui la terre exsangue, en atrophie,
Ne serait bientôt plus qu'un squelette sans chair,
Par toi qui nous en fais une table servie,

Maison d'or dont le maître au pauvre n'est pas fier,
Où les grains prodigués sont à qui les picore,
Et grande ouverte à tous sous ton vitrage clair.

Et nul ne sait pourtant quelle splendeur décore
Les creux inexplorés où tes gouffres roulants,
Qui donnent tant de biens, en cachent plus encore,

37

Maison d'or *où depuis des mille et des mille ans,*
Entraînant le meilleur du sol, tombent les fleuves,
Maison d'or *où s'exhausse en monceaux opulents*

La poudre dont naîtront plus tard des îles neuves,
Maison d'or *où se fait un tas de millions*
Du sou des orphelins, de l'obole des veuves,

Et du lourd chargement des riches galions,
Tout sombrant pêle-mêle au fond de tes royaumes
Dont jamais moissonneur n'a fauché les sillons.

Maison d'or, *le cristal mobile de tes dômes*
Est cependant la route où sans peur du danger
Va l'homme curieux des mœurs, des idiomes,

38

Chercher au loin la main de son frère étranger ;
Et grâce à cette route, Arche de l'alliance,
Tous les peuples épars ont pu se mélanger.

L'amorce de l'obstacle offerte à leur vaillance
Aiguisa l'appétit des efforts généreux ;
Et mettant tout, bonheur, patrie, en oubliance,

Ils prirent vers le large un vol aventureux
Pour qu'un jour tous les fils rapprochés par tes ondes
Pussent se reconnaître et se bénir entre eux.

Arche de l'alliance, aux promesses fécondes,
C'est par toi que plus tard les races se fondront ;
Les mondes séparés ne seront plus deux mondes ;

Le globe n'aura plus qu'un seul cœur, un seul front ;
Sainte communion de la famille humaine
Autour d'un fraternel banquet assise en rond !

Porte du ciel ouvrant ce radieux domaine
Où tous seront élus, nuls ne seront maudits,
Repos dominical de la longue semaine,

Sûre abolition des antiques édits
Qui nous ont condamnés à combattre pour vivre,
Porte du ciel, ô seuil des futurs Paradis !

Porte dont au couchant on voit les gonds de cuivre !
Beau ciel en qui je n'ai pas foi, ciel du progrès,
Souvent je sens en moi sourdre un désir de suivre

40

Ceux qui marchent vers toi, qui te disent tout près;
Et j'ai beau m'assurer que ton aube est menteuse,
Si je ne m'y rends pas, ce n'est point sans regrets.

Étoile du matin, *divine entremetteuse,*
Pardonne si mon cœur résiste à tes clins d'yeux,
Aux ensorcèlements de ta voix chuchoteuse,

Et si, rebelle à ton sourire insidieux,
Je refuse d'entrer au temple où l'on redresse
Pour ce Dieu nouveau-né l'autel des anciens Dieux.

Étoile du matin, *ah! je comprends l'ivresse*
De ceux à qui ta vue a troublé la raison,
Et qui, t'aimant ainsi qu'on aime une maîtresse,

41

Abandonnent pour toi leur mère et leur maison,
Sans pouvoir se douter qu'au bout de leur folie
Le prix de tant d'amour sera ta trahison.

Toi que ta cruauté rend encor plus jolie,
Que de fois ton regard dans ma gorge planté
Y laissa le venin de la mélancolie !

Par bonheur il ressemble à ce fer enchanté,
Remède autant que mal, qui guérit ceux qu'il blesse.
Etoile du matin trompeuse, mais Santé

Des infirmes, ô mer, recours de la faiblesse,
Baume énergique et sûr en qui se retrempant
Le corps reprend sa sève et l'esprit sa noblesse !

Bain de vigueur, étreinte aux anneaux de serpent,
Lutte contre la vague et le souffle du large,
Grains d'iode et de sel que le poudrain répand !

Rien qu'à humer l'embrun dont s'argente ta marge,
O mer, rien qu'à courir parmi tes goémons,
Notre sang ressuscite et bat le pas de charge,

Nos enfants délicats redeviennent démons,
Le soleil se rallume à leur face blémie ;
Et, retrouvant l'Avril, celles que nous aimons

Voient éclore à leur joue une rose endormie,
Si bien qu'un ton vermeil empourpre les lis blancs
Qui tristes s'y fanaient hier dans l'anémie.

43

O mer, vin des petits, lait des vieillards tremblants,
En même temps Santé des infirmes de l'âme ;
Car l'âme à ton aspect ranime ses élans

Et repart plus allègre au but qui la réclame,
Travaux, rêves, pensers, amours, ambitions,
Pareille au chevalier qui voyait l'oriflamme.

Las du combat, blessés, vaincus, nous languissions.
Mais te voilà, Santé des infirmes. Alerte !
Plus de lâches repos ! Plus d'hésitations !

Recommençons la lutte, et, fût-ce à notre perte,
Marchons ! S'il faut périr, nous périrons debout.
On entend le clairon et la lice est ouverte.

44

L'espoir gonfle mon cœur. Mon œil luit. Mon sang bout.
Parmi les rangs épais je taillerai ma route.
Le combat sera long ; mais la gloire est au bout.

Et si la gloire doit me faire banqueroute,
Si le but se dérobe à mes assauts chercheurs,
C'est près de toi qu'ira mon orgueil en déroute,

Près de toi, pour calmer sa fièvre à tes fraîcheurs,
Pour pouvoir de ton sel panser sa cicatrice,
Près de toi, près de toi, Refuge des pécheurs,

Solitude pour les vaincus réparatrice,
Béquille soutenant les espoirs sans ressort,
Mort des remords, tombeau des pleurs, Consolatrice

45

CONSOLATRICE
DES AFFLIGÉS

Des affligés, retraite à l'éclopé qui sort
De la bataille après la dernière trouée,
Ligne de sauvetage aux naufragés du sort

Dont la barque ne peut plus être renflouée
Et qui, juste au moment de sombrer sous les flots,
Peuvent se raccrocher des doigts à ta bouée.

Refuge des pécheurs, tu connus mes poings clos
Frappant sur ma poitrine au jour des repentances;
Tu connus mes remords qui crevaient de sanglots,

Mon équité rendant contre moi des sentences,
Et mon cœur indigné du mal qu'il avait fait
S'infligeant en retour de rudes pénitences.

47

Mais alors qu'au plus fort du deuil il étouffait,
O mer, c'est toi qui vins apaiser ses alarmes,
Consolatrice des affligés en effet,

Consolatrice aux mots profonds et pleins de charmes
Qui sais ce qu'il faut dire aux plus désespérés,
Consolatrice dont la main sèche leurs larmes !

O vous qui comme moi près d'elle souffrirez,
O vous qui comme nous avez souffert près d'elle,
Lamentable troupeau de fous et de navrés

Dont la consolatrice est l'amante fidèle,
O vous tous qu'elle endort, malades enfançons
Puisant le lait d'oubli dans ses seins d'asphodèle,

48

Unissez votre voix à la mienne et lançons
Vers son trône encensé du feu de nos louanges
L'hosanna de nos plus triomphales chansons !

Salut, pleine de grâce en fleurs, Reine des anges
Au manteau d'émeraude ourlé de vif-argent,
O mer qui bois nos pleurs, qui déterges nos fanges,

Qui laves sans dégoût les pieds de l'indigent,
Reine qui fais éclore aux vagues où tu marches
Un jardin de joyaux et d'oiseaux ramageant,

Reine dont l'auréole est le grand pont sans arches
De l'arc-en-ciel ouvrant ses bras aux malheureux ;
Reine douce aux vieillards, Reine des patriarches,

Qui redeviens servante et nourrice pour eux,
Et parfumes leurs jours derniers de longues fêtes,
Soufflant à leurs poumons ton souffle généreux;

Reine de poésie et Reine des prophètes;
Car ceux qui vont portant des ombres dans leurs yeux,
C'est de ton infini que leurs ombres sont faites;

Et ceux qui vont criant de grands mots vers les cieux,
Et dont le cœur s'épuise à réchauffer les nôtres,
Ces grands mots exaltés au vol audacieux

C'est toi qui les leur dis pour les redire aux autres,
O toi, langue de feu qui viens les embraser,
O Reine des martyrs et Reine des apôtres,

50

O reine qui leur mets aux lèvres ton baiser,
Ta palme dans la main, ta foi dans les prunelles,
Et les force d'aller et d'évangéliser !

O Reine, ô Mer, j'irai ! Sur tes vagues, en elles,
J'ai passé bien des jours et bien des nuits, rêvant
Pour tâcher d'entrevoir les splendeurs éternelles

Des symboles cachés sous ton voile mouvant,
Miroir incessamment agité qui reflètes
Les tourbillons sans but de l'univers vivant.

Et je t'ai vue, Isis aux phrases incomplètes,
Kypris Aphrodite fantôme à l'horizon,
Nature dont le corps étreint de bandelettes

51

Reste toujours informe et sans terminaison,
Conscience qui veux vainement te connaître,
Âme du monde dont le monde est la prison,

Toi qui nais pour mourir et qui meurs pour renaître,
Sans pouvoir te fixer, te saisir un instant,
Être qui n'es jamais, néant sûr de ton être,

Déesse, je t'ai vue au visage flottant
De la mer qui ruisselle et roule à ton exemple,
Impuissante à trouver le niveau qu'elle attend.

O toi dont l'infini dans ses flots se contemple,
Déesse, pour louer tes charmes souverains,
J'ai voulu de mes vers t'édifier ce temple;

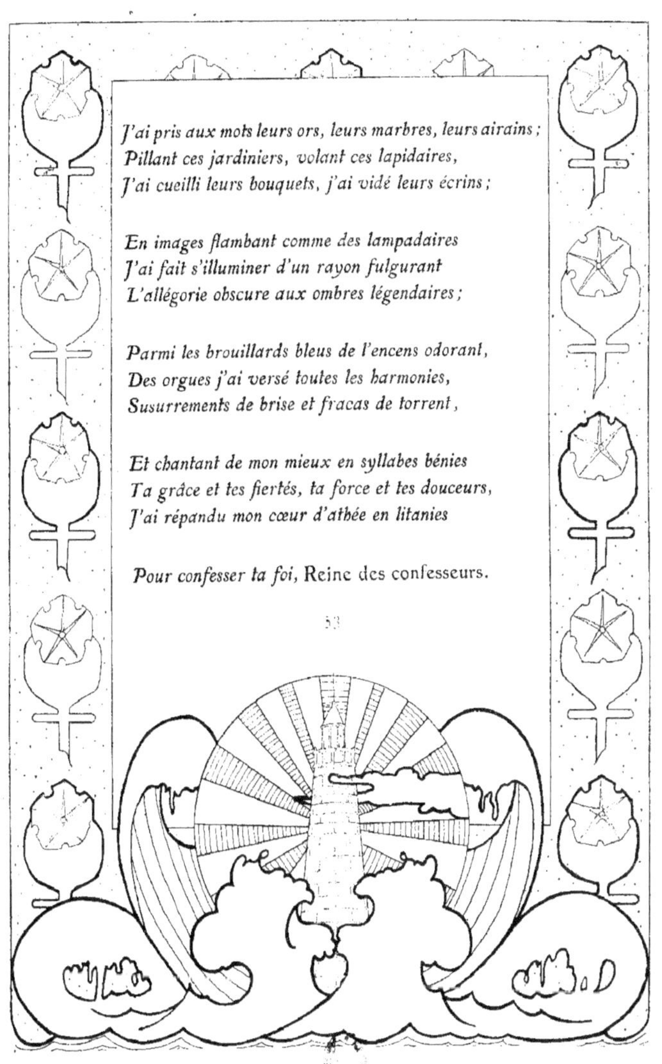

J'ai pris aux mots leurs ors, leurs marbres, leurs airains ;
Pillant ces jardiniers, volant ces lapidaires,
J'ai cueilli leurs bouquets, j'ai vidé leurs écrins ;

En images flambant comme des lampadaires
J'ai fait s'illuminer d'un rayon fulgurant
L'allégorie obscure aux ombres légendaires ;

Parmi les brouillards bleus de l'encens odorant,
Des orgues j'ai versé toutes les harmonies,
Susurrements de brise et fracas de torrent,

Et chantant de mon mieux en syllabes bénies
Ta grâce et tes fiertés, ta force et tes douceurs,
J'ai répandu mon cœur d'athée en litanies

Pour confesser ta foi, Reine des confesseurs.

Imprimé

par

Firmin-Didot et Cᴵᵉ

Gravures de Ducourtioux et Huillard

Coloris artistique par la Maison Establie

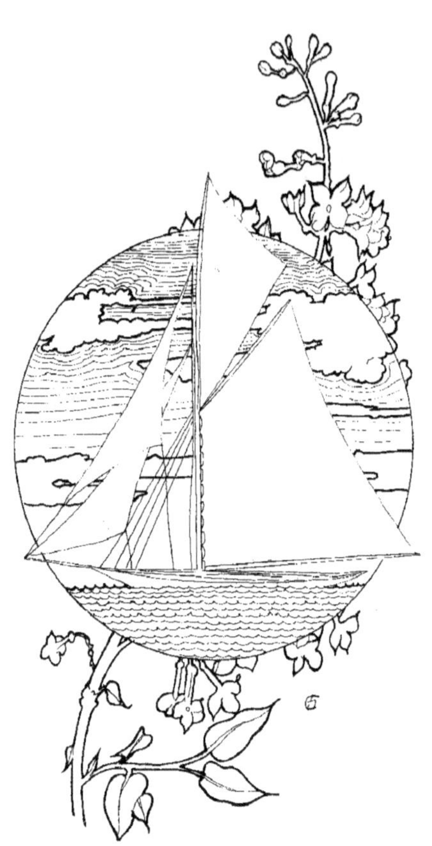